essentials

Essentials liefern aktuelles Wissen in konzentrierter Form. Die Essenz dessen, worauf es als „State-of-the-Art" in der gegenwärtigen Fachdiskussion oder in der Praxis ankommt, komplett mit Zusammenfassung und aktuellen Literaturhinweisen. Essentials informieren schnell, unkompliziert und verständlich

- als Einführung in ein aktuelles Thema aus Ihrem Fachgebiet
- als Einstieg in ein für Sie noch unbekanntes Themenfeld
- als Einblick, um zum Thema mitreden zu können.

Die Bücher in elektronischer und gedruckter Form bringen das Expertenwissen von Springer-Fachautoren kompakt zur Darstellung. Sie sind besonders für die Nutzung als eBook auf Tablet-PCs, eBook-Readern und Smartphones geeignet.

Essentials: Wissensbausteine aus Wirtschaft und Gesellschaft, Medizin, Psychologie und Gesundheitsberufen, Technik und Naturwissenschaften. Von renommierten Autoren der Verlagsmarken Springer Gabler, Springer VS, Springer Medizin, Springer Spektrum, Springer Vieweg und Springer Psychologie.

Nadine Kammerlander · Reinhard Prügl

Innovation in Familienunternehmen

Eine Einführung für Akademiker und Praktiker

Nadine Kammerlander
Institut für Familienunternehmen
WHU – Otto Beisheim School of
    Management
Vallendar
Deutschland

Reinhard Prügl
FIF
Zeppelin Universität
Friedrichshafen
Deutschland

ISSN 2197-6708   ISSN 2197-6716 (electronic)
essentials
ISBN 978-3-658-12314-7   ISBN 978-3-658-12315-4 (eBook)
DOI 10.1007/978-3-658-12315-4

Die Deutsche Nationalbibliothek verzeichnet diese Publikation in der Deutschen Nationalbibliografie; detaillierte bibliografische Daten sind im Internet über http://dnb.d-nb.de abrufbar.

Springer Gabler
© Springer Fachmedien Wiesbaden 2016

Gedruckt auf säurefreiem und chlorfrei gebleichtem Papier

Springer Fachmedien Wiesbaden ist Teil der Fachverlagsgruppe Springer Science+Business Media
(www.springer.com)

Was Sie in diesem Essential finden können

- einen Überblick zu aktueller Forschung über Innovation in Familienunternehmen;
- eine Übersicht der Stärken und Schwächen von Familienunternehmen im Innovationsprozess;
- Hinweise auf „good practices" und Fallstudien zum Weiterlesen;
- Studenten finden hier „Rüstzeug" für ihre Abschlussarbeit im Bereich „Familienunternehmen und Innovation";
- Dozenten finden hier „frameworks" und Material zum Aufbau ihrer Vorlesung;
- Forscher im Allgemeinen finden hier Literaturhinweise und eine Zusammenfassung bestehenden Wissens zu dieser Thematik;
- „Praktiker" – Manager und Eigentümer von Familienunternehmen sowie deren Berater – finden hier Denkanstöße und Impulse für das eigene unternehmerische Handeln.

Inhaltsverzeichnis

Einleitung 1

Kein Unternehmen kann im 21. Jahrhundert langfristig erfolgreich sein, ohne sich mit dem Thema „Innovation" auseinanderzusetzen. Selbst in Branchen, die lange Zeit als traditionell und unveränderbar galten, haben sich in den letzten Jahren und Jahrzehnten immer wieder Innovationen durchgesetzt. So haben sich beispielsweise nach langen Jahrzehnten der Kontinuität in den letzten Jahren die Herstellungsweisen, die Kundensegmentierungen sowie Verpackungen und Marketing im Weinsektor massiv verändert (Kammerlander et al. 2015a). Die Gründe für die zunehmende Bedeutung der Innovation sind vielfältig; unter anderem werden Globalisierung, Digitalisierung und die sich daraus ergebenden neuen technologischen Möglichkeiten, gepaart mit steigendem Wettbewerbsdruck, als Treiber zunehmender Innovation gesehen.

Die zunehmende Bedeutung von Innovationen betrifft natürlich auch – und unter Umständen ganz besonders – Familienunternehmen. Gerade Familienunternehmen verfolgen oftmals das übergeordnete Ziel der Sicherung einer langfristigen Überlebensfähigkeit, möglichst über Generationen hinweg. Dieses Ziel kann jedoch nur durch beständige Veränderung und Innovation erreicht werden. Während einige der bisher erlangten Erkenntnisse zu Treibern und Hemmnissen von Innovationen für Familien- und Nichtfamilienunternehmen gleichermaßen gelten, so stellen wir in Forschung und Praxis dennoch immer wieder fest: Familienunternehmen sind anders. Familienunternehmen unterscheiden sich von anderen Firmen in ihren Zielen, in ihren Strukturen und in ihren Ressourcen (Kammerlander et al. 2015b). Sie haben deshalb besondere Stärken, aber auch besondere Herausforderungen in Bezug auf Innovation. Und auf eben diese Besonderheiten möchten wir im Folgenden eingehen. Unser Ziel dabei ist, gleichermaßen interessante Einblicke für Dozenten, Studierende, Familienunternehmen und deren Berater zu geben.

© Springer Fachmedien Wiesbaden 2016
N. Kammerlander, R. Prügl, *Innovation in Familienunternehmen*, essentials,
DOI 10.1007/978-3-658-12315-4_1

1.1 Was sind Familienunternehmen und welche Eigenschaften besitzen sie?

Was sind eigentlich Familienunternehmen? Kleinstunternehmen, die vom Eigentümer geführt werden? Oder mittelständische Unternehmen, die bereits seit mehreren Generationen innerhalb der Familie weitergegeben werden? Oder auch Konzerne, in denen die Familie nicht mehr operativ tätig ist, sondern lediglich über ihre Eigentums- und Stimmrechte Einfluss auf das Unternehmen ausübt? Sind auch Gründerfirmen Familienunternehmen? In der Literatur werden in der Tat mehr als dreißig verschiedene Definitionen von Familienunternehmen aktiv benutzt (O'Boyle Jr et al. 2012). In diesem Buch möchten wir gerne die weitestmögliche Definition von Familienunternehmen verwenden (König et al. 2013): Eine Organisation ist dann ein Familienunternehmen, wenn das Unternehmen substanziell durch eine oder mehrere Familien beeinflusst wird – sei es durch die Eigentums- und Stimmrechte, Engagement im Aufsichtsrat bzw. Beirat, operative Führungspositionen im Unternehmen oder aber durch bestimmte Werte, welche die Familie im Unternehmen verankert. Der Einfluss der Familie wirkt sich schließlich auf unterschiedlichste Weise auf das Unternehmen aus, wie in Abb. 1.1 dargestellt: Zum einen folgt das Unternehmen häufig nicht nur finanziellen, kurzfristigen Kennzahlen, sondern ist langfristig ausgelegt und berücksichtigt auch nichtfinanzielle Ziele der Familie. Diese können beispielsweise darin liegen, das Unternehmen in der Hand der Familie zu belassen, oder aber darin, ein besonders guter Arbeitgeber in der Region zu sein (Berrone et al. 2012). Des Weiteren können auch die Investitionspräferenzen, die Strukturen (insbesondere der Aufbau der

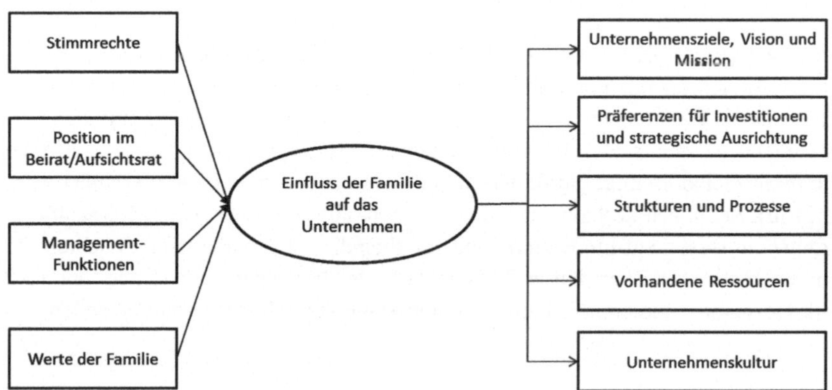

Abb. 1.1 Was ist ein Familienunternehmen?

Organisation) und die Prozesse, vor allem im Hinblick auf Entscheidungen, im Familienunternehmen besonders sein. Oft präferieren Familien langfristig „sichere" Investitionen und bauen ein Unternehmen mit flachen Hierarchien, kurzen Entscheidungsprozessen und einer Machtkonzentration an der Unternehmensspitze auf. Der Einfluss der Familie wirkt sich auch auf die vorhandenen (oder eben nicht vorhandenen) Ressourcen im Unternehmen aus: Zum einen können Familienunternehmen häufig von einer hervorragenden Reputation und der Unterstützung durch Familienmitglieder (finanziell sowie bezüglich deren Arbeitskraft) zehren. Zum anderen vermindern der Einfluss der Familie und insbesondere der Wunsch nach Kontrolle häufig den Zugang zu externem Kapital (beispielsweise in Form von Eigenkapital von Familienexternen oder durch Schulden). Zu guter Letzt können die Werte, welche die Familie lebt und ins Unternehmen transportiert, die Unternehmenskultur erheblich beeinflussen.

1.2 Definition und Bedeutung von Innovation

Was ist eigentlich eine Innovation? Ähnlich wie beim Begriff Familienunternehmen gibt es auch hier keine einheitliche Definition. Zunächst ist eine Innovation jedoch eine neuartige Idee und deren Realisierung am Markt oder innerhalb des Unternehmens. Der Begriff der Innovation darf dabei nicht, wie in der allgemeinen Diskussion oft geschehen, mit dem einer reinen Idee oder einer Investition in Forschung und Entwicklung gleichgesetzt werden: Diese stellen zunächst nur Innovationspotenziale dar; ohne die marktseitige bzw. unternehmensinterne Realisierung haben sie jedoch noch keinen Effekt auf das Unternehmen. So ist beispielsweise auch ein Patent an sich noch keine Innovation, sondern nur ein möglicher „Grundstoff" für eine solche. Während einige Forscher Umsetzungen von Ideen, welche 1) „neu für die Organisation" sind, als Innovation bezeichnen (Rogers 2004), also beispielsweise auch die Einführung eines in der Industrie bereits etablierten Fertigungsverfahrens, legen andere Autoren strengere Kriterien an: Eine Innovation muss für sie 2) „neu für das Segment/die Branche/die Wettbewerber" sein oder gar 3) „neu für die Welt" (Lukas und Ferrell 2000). Während beispielsweise die Übertragung von „lean production"-Prinzipien von der Automobil- auf die Halbleiterindustrie nach der zweiten Definition eine Innovation darstellt, ist sie es nach der strengeren, dritten Definition nicht.

Wie diese Debatte über Definitionen bereits zeigt, ist Innovation nicht gleich Innovation. Insbesondere muss, wie in Abb. 1.2 veranschaulicht, nach folgenden Dimensionen unterschieden werden:

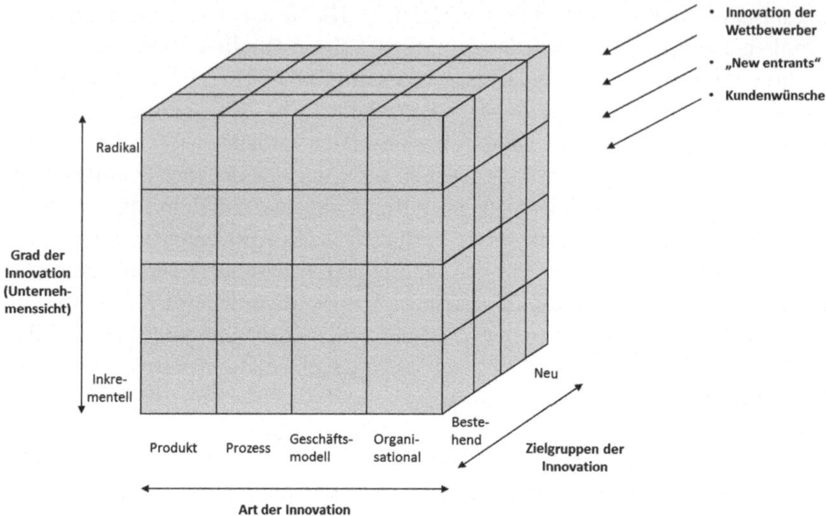

Abb.1.2 Typologie von Innovationen

a. ***Was wird verändert? (Art der Innovation)*** Hier unterscheiden wir vor allem folgende Arten von Innovationen: *Prozessinnovationen* sind häufig nur intern sichtbar. Durch geänderte Fertigungs- oder Entwicklungsabläufe werden beispielsweise Kosten gesenkt oder Entwicklungszeiten verkürzt, was den entsprechenden innovativen Firmen große Vorteile im Markt bringen kann. *Produktinnovationen* sind hingegen für den Kunden sichtbar. Hier werden entweder gänzlich neue Produkte entwickelt oder aber die Eigenschaften bestehender Produkte verändert. Bei einer *Geschäftsmodellinnovation* ändert sich, wie das Unternehmen Wert generiert (wertschöpfende Strukturen). Hierzu zählt beispielsweise der Übergang von Kauf- zu Leasingmodellen oder ein neu gesetzter Fokus auf Service- und Wartungsarbeiten. Bei *organisationalen Innovationen* hingegen ändern sich die nichtwertschöpfenden Strukturen im Unternehmen. Hierunter fallen beispielsweise Veränderungen im Führungsstil oder in der Organisationsform.

b. ***Wie stark ist die Veränderung? (Grad der Innovation)*** Der Grad der Innovation kann hierbei von *inkrementell bis radikal* variieren. Er zeigt an, wie stark sich das neue Produkt bzw. die neuen Strukturen und Prozesse von den vorherigen unterscheiden. Naturgemäß sind inkrementelle Innovationen für die meisten Organisationen leichter durchzuführen als radikale, bahnbrechende Neuerungen. Oft wird hierbei auch unterschieden, wie komplementär die Innovation zu den bestehenden Prozessen im Unternehmen ist (Henderson und Clark 1990). Bauen die neuen Kompetenzen auf den alten auf, wie beispielsweise bei der Weiterentwicklung von Einspritzmotoren? Sind die neuen Kompetenzen völlig unabhängig von den bestehenden, wie beispielsweise bei einem Unternehmen, das zwei verschiedene Fertigungstechniken verwendet, um unterschiedliche Produkte herzustellen? Oder werden die neuen Kompetenzen als „Zerstörer" alten Wissens gesehen? Letzteres ist beispielsweise bei diversen Innovationen, welche mit Digitalisierung zusammenhängen, der Fall: Digitalisierung baut auf Softwarekenntnissen und IT-Kompetenz auf und macht beispielsweise Kenntnisse im Buchdruck oder im Shop-Layout überflüssig.

c. ***Wer sind die Kunden? (Zielgruppen der Innovation)*** Hier unterscheidet man zwischen Innovationen, welche an bestehende Kunden gerichtet sind, und solchen, die eine bisher vom Unternehmen nicht bediente Kundengruppe ansprechen. Im ersten Fall bleibt der Zweck (das Kundenproblem) gleich und wird mit einem neuen Mittel (einer neuen Lösung, beispielsweise einer neueren Technologie) bedient. Im zweiten Fall hingegen bleibt häufig das Mittel (die Lösungskompetenz) gleich, und der Zweck (also das Problem, das für die Kunden damit gelöst werden kann) ist neu (Keinz und Prügl 2010). Insbesondere Geschäftsmodellinnovationen haben häufig den Anspruch, bisher noch nicht bediente Kundengruppen anzusprechen. Neuerungen der Fluglinien am Ende des 20. Jahrhunderts, welche vor allem auf die Kostensenkung zielten, dienten beispielsweise dazu, neue Kundengruppen (beispielsweise Freizeitreisende, welche sonst per Auto oder Bahn gereist wären) anzusprechen.

d. ***Woher kommt die Innovation?*** Viele Innovationen kommen von innen, beispielsweise durch neue Ideen von Mitarbeitern, die zum Beispiel im Forschungs- und Entwicklungsbereich oder aber im Vertrieb oder Marketing tätig sind. Wie wir an späterer Stelle nochmals ausführen werden, gehört es zu den Erfolgsfaktoren innovativer Firmen, Mitarbeiter jedweder Abteilung dazu zu bringen, sich mit ihren innovativen Ideen einzubringen und diese mitzuteilen und gegebenenfalls umzusetzen. Aber Innovation kann auch von außerhalb des Unternehmens kommen, denn auch im Gespräch mit Zulieferern und Kunden können wertvolle Vorschläge für Innovationen generiert werden. Werden diese Ideen zügig aufgenommen und umgesetzt, kann das Unternehmen „first mover" bezüglich der entsprechenden Innovation werden. Aber nicht nur bestehende Kunden und Zulieferer gelten als wertvolle externe Innovationsquellen. So hat beispielsweise der Ölkonzern Shell nach der Deepwater-Horizon-Katastrophe alle interessierten Tüftler aufgerufen, ihm ihre Lösungsvorschläge zu schicken (Piezunka und Dahlander 2015). Auf eine gleiche „open innovation"-Strategie (Chesbrough 2003; Von Hippel 2005) setzt beispielsweise das Unternehmen

Procter ÀGamble, welches etablierte Prozesse hat, wie Ideen durch Externe zu stimulieren und ins Unternehmen aufzunehmen sind[1]. Häufig jedoch nehmen Unternehmen Innovationen erst auf, wenn diese bereits von den Wettbewerbern etabliert sind, und werden so zu „followers". Auch ist es möglich, insbesondere bei disruptiven Innovationen (Christensen 1997), dass die Innovationen gänzlich von außen kommen. So kann es sein, dass Start-ups oder Unternehmen, welche zuvor in anderen Märkten aktiv waren, plötzlich mit einer Innovation in den Markt drängen und die bestehenden Marktführer zur Anpassung zwingen. Das war beispielsweise der Fall, als Amazon gegründet wurde und so zum Konkurrenten von einer ganzen Reihe an etablierten Einzelhändlern wurde. Dieses Phänomen, mit Innovationen in einen neuen Markt hineinzudrängen, ist im heutigen dynamischen Umfeld zunehmend zu beobachten. Während dieser Trend einerseits die Beständigkeit (träger) etablierter Unternehmen bedroht, bringt er andererseits aber auch neue Möglichkeiten für etablierte Unternehmen hervor – sofern diese erkannt werden und entsprechend reagiert wird.

---

[1] Connect+Develop-Programm. http://www.pgconnectdevelop.com/.

Wo liegen die Stärken und Schwächen von Familienunternehmen im Innovationsprozess? 2

Im Folgenden sollen, wie in Abb. 2.1 zusammengefasst, die Stärken und Schwächen von Familienunternehmen anhand des Innovationsprozesses diskutiert werden. Da das Feld der Produktinnovationen sicherlich einer der in der empirischen Untersuchung am weitesten fortgeschrittenen und dokumentierten Bereiche in der Innovationsforschung ist, soll hier als Beispiel der Prozess des „New Product Development" (NPD) als Vorlage dienen. Für die weiteren Innovationstypen kann oder muss dieser entsprechend angepasst werden[1].

2.1 Ressourcen für Innovation

Bereits ganz am Anfang des Innovationsprozesses, nämlich bei der Frage, wie viele Ressourcen eigentlich für das Innovationsvorhaben aufgewendet werden sollen, ergibt sich in Familienunternehmen ein Paradoxon zwischen „Können" und „Wollen" (Chrisman et al. 2014). Im Prinzip erlaubt ihre Unabhängigkeit es den Familienunternehmen, beliebig viele Ressourcen in Forschung und Entwicklung (und damit den Grundstoff für Innovation) zu stecken (Carney 2005). Bedenkt man, dass Familienunternehmen oft die Langfristigkeit im Auge haben, so sollte man meinen, dass sie auch ein gesteigertes Interesse daran haben, ebendies zu tun. Dem ist aber nicht unbedingt so: Familienunternehmer wollen die Kontrolle über ihr Unternehmen behalten und nicht riskieren, dass das Unternehmen in fremde Hände fällt. Aus diesem Grund sind sie meist vorsichtig mit ihren Investitionen und sparsam mit Ausgaben für Forschungs- und Entwicklungszwecke, wie Chris-

---

[1] Für eine Diskussion der kognitiven Prozesse unter Eigentümern und Managern in Familienunternehmen, siehe Kammerlander (2014), verfügbar unter http://nadinekammerlander.files.wordpress.com/2014/09/familyfirmchange.pdf

© Springer Fachmedien Wiesbaden 2016
N. Kammerlander, R. Prügl, *Innovation in Familienunternehmen,* essentials,
DOI 10.1007/978-3-658-12315-4_2

Ideen-Phase	Entwicklungs- und Testphase	Kommerzialisierungs-phase
▪ Inhalt: Entwicklung eines Ideen-Portfolios und Bewertung davon („Ideen-Trichter") ▪ Besonderheiten in Familienunternehmen: weniger Ressourcen, geringere Suchbreite, flexibler, hemdsärmeliger, weniger strategisch, besser „interpretierte" und vorgefilterte Informationen	▪ Inhalt: Weiterentwicklung und Testen der Innovationen in-house sowie mit Testkunden ▪ Besonderheiten in Familienunternehmen: intensiverer Kontakt zu Testkunden, häufig aber auch Trend zur Abschottung, dauerhaftes Hinterfragen und Anpassen während des Prozesses	▪ Inhalt: Vermarktung und Vertrieb der ersten Versionen der Innovation an externe Kunden ▪ Besonderheiten in Familienunternehmen: intensiver Kundenkontakt, oft Vorteile im Branding, jedoch Gefahr dass zu stark mit bestehenden und zu wenig mit neuen Kunden-gruppen gearbeitet wird

Abb. 2.1 Innovationsprozess in Familienunternehmen

man und Patel (2012) zeigen. Aber auch wenn Familienunternehmen nur wenig für Innovationspotenziale ausgeben, so ist das Thema Innovation, vermutlich aufgrund der langfristigen Ausrichtung dieser Unternehmen, zumindest ein wichtiges Thema für sie. Eine Studie unter deutschen kleinen und mittleren Unternehmen (KMUs) (Classen et al. 2014) zeigt, dass KMUs in Familienhand im Durchschnitt eine höhere Wahrscheinlichkeit besitzen, innovativ tätig zu werden, verglichen mit anderen KMUs. Eine aktuelle Metaanalyse kommt zudem zu dem Ergebnis, dass Familienunternehmen zwar weniger in Forschung und Entwicklung (F & E) investieren, aber trotzdem mehr Innovation am Markt etablieren als Nichtfamilienunternehmen (Duran et al. 2015). Es scheint also ein „mysterious something" zu geben (Gudmundson et al. 2003), das Familienunternehmen besonders stark darin macht, den Input in Innovationen zu Innovations-Output zu transformieren.

2.2 Ideenphase

Bereits in der frühen Phase des Innovationsprozesses zeigt sich, dass Familienunternehmen eher hemdsärmelig und operativ statt strategisch und konzeptionell an die Ideenfindung herangehen (Binder 2013). Diese Hemdsärmeligkeit betrifft nicht nur die Prozesse an sich, sondern auch mit Projektmanagement-Tools und Finanzzahlen wird in Familienunternehmen intuitiver und flexibler umgegangen als in Nichtfamilienunternehmen. Während dieses hemdsärmelige Vorgehen den Suchprozess einerseits effektiver macht, birgt es auch die Gefahr, dass die Familienunternehmen ein Potpourri an Einzelprojekten aufweisen, statt wie vergleichbare Nichtfamilienunternehmen ein konsistentes Ideen-Portfolio zu besitzen. Einen weiteren Unterschied zwischen Familien- und Nichtfamilienunternehmen, den Binder in seinen Fallstudien in der deutschen Chemiebranche aufdeckt, ist, dass Familienunternehmen in dieser frühen Phase restriktiver bei der Beurteilung der Frage sind, welche Innovationen weiterverfolgt werden sollen: Zum einen dient das der Risikominimierung, zum Beispiel in Bezug auf mögliche folgende Rechtsstreitigkeiten, zum anderen werden aber auch moralische Gründe herangezogen, um bestimmte Ideen nicht weiterzuverfolgen. Nichtfamilienunternehmen wählen in der frühen Phase des Innovationsprozesses häufig einen „top-down-Ansatz", bei welchem von oben strikte Zeit- und Geldbudgets zu Projektideen allokiert werden. Familienunternehmen jedoch verbinden diesen top-down-Ansatz häufig sehr erfolgreich mit einem „bottom-up-Ansatz" (Binder 2013): Den Mitarbeitern wird hierbei Zeit und häufig auch zweckungebundenes Budget zugesprochen, um Innovationsideen hervorzubringen und an diesen zu feilen.

Eine Studie an belgischen KMUs zeigt, dass Familienunternehmen eine geringere „Suchbreite" haben als Nichtfamilienunternehmen (Classen et al. 2012). Dies bedeutet, dass Familienunternehmen weniger externe Kontakte und weniger Suchkanäle für ihren Innovationsprozess nutzen als andere Organisationen. Jedoch ist mehr nicht unbedingt besser, stattdessen liegt die optimale Suchbreite irgendwo in der Mitte. Denn Studien aus dem Innovationsbereich zeigen (Piezunka und Dahlander 2015): Informationen aus zu vielen Kanälen überfordern die Organisationen, sie können nicht verarbeitet werden. Eine moderate Anzahl an Informationen, welche aus vertrauten Quellen stammt, kann jedoch die Innovationskraft deutlich steigern. Unter folgenden Umständen ist gemäß der belgischen Studie die Suchbreite in Familienunternehmen häufig sehr gering: Wenn der Familiengeschäftsführer keine universitäre Ausbildung genossen hat und/oder wenn in der Geschäftsführung nur eine geringe Anzahl familienexterner Personen vertreten ist, ist im Durchschnitt die Suchbreite im Durchschnitt besonders gering und sollte gesteigert werden.

Bereits in dieser frühen Phase der Ideenfindung zeigt sich zudem ein unterschiedlicher Umgang mit Unsicherheit in Familien- und Nichtfamilienunternehmen. Familienunternehmen greifen bei der Ideengenerierung und Ideenbewertung meist auf etablierte, vertrauensvolle Beziehungen zu Kunden und Lieferanten zurück, um entsprechend vorgefilterte und „interpretierte" Information zu bekommen. Nichtfamilienunternehmen versuchen hingegen eher, vollumfängliche Informationen einzuholen, und das aus einer großen Zahl möglichst unterschiedlicher Quellen (Binder und Prügl 2015). Diese müssen dann in einem aufwändigen Prozess innerhalb des Unternehmens gefiltert und bewertet werden.

2.3 Entwicklungs- und Testphase

Auch in der auf die Ideenphase folgende Phase der Produktentwicklung und des Testens ist die oftmals besonders vertrauensvolle Beziehung zu ausgewählten Kunden für Familienunternehmen von Vorteil: Aufgrund der Langfristigkeit und auch Belastbarkeit der Beziehung zu ebendiesen Kunden können diese früh im Entwicklungsprozess wertvolle und ehrliche Rückmeldung geben. So können diese Kunden ohne „Gesichtsverlust" gebeten werden, Feedback zu rudimentären Prototypen zu geben und diese zu testen. Je nach Dauer und Intensität der Beziehungen zu den Kunden ist sogar eine gemeinsame Entwicklung, teilweise auch mit geteiltem Risiko, denkbar. Zusammengefasst zeigt sich also, dass viele Familienunternehmen in höherem Ausmaß als Nichtfamilienunternehmen bestehende Kunden und Märkte sehr früh in den Innovationsprozess einbinden. Dies erlaubt den untersuchten Familienunternehmen, konkrete Wünsche besser zu verstehen, nah am Kunden zu entwickeln und Entwicklungsrisiken zu reduzieren (Binder und Prügl 2015).

Gleichzeitig und gewissermaßen im Gegensatz zur soeben erwähnten Ko-Entwicklung ist bei einigen Familienunternehmen ein starker Fokus auf Eigenentwicklung zu beobachten (Binder 2013). Dies kann unter anderem auf den Wunsch vieler Familienunternehmer zurückgeführt werden, die Kontrolle über das Unternehmen und die Unabhängigkeit des Unternehmers zu bewahren. Bei jeder vereinbarten gemeinsamen Entwicklungsarbeit gibt der Familienunternehmer gewisse Entscheidungen an Externe ab, wieder andere Entscheidungen bedürfen in der Zusammenarbeit eines Konsenses der Beteiligten. Schnelle und unbürokratische Entscheidungen, wie sie in vielen Familienunternehmen anzutreffen sind, werden in Kollaborationen erschwert. Auf der anderen Seite jedoch sorgen der Aufbau und der Erhalt von operativer Entwicklungsarbeit gemeinsam mit externen Partnern, beispielsweise in ressourcenintensiven Laboren, für eine Ausrichtung, die über einen längeren Zeitraum für Entwicklungserfolge und so für nachhaltige Stabilität sorgt. Insofern sehen sich viele Familienunternehmer vor einem Dilemma stehen: Was soll höher gewichtet werden, die Unabhängigkeit oder die langfristigen Wettbewerbsvorteile?

Analog zur Ideenphase fällt auch in der Entwicklungs- und Testphase die relativ geringe und insbesondere weniger stringente Nutzung von Strategie-Informationen, wie beispielswiese festgelegten Wachstumsfeldern, sowie ein geringerer Fokus auf Prozess- und Projektmanagement in Familienunternehmen auf. Allerdings ist in Familienunternehmen typischerweise zu beobachten, dass Entscheidungen permanent hinterfragt werden und insgesamt flexibler agiert wird. Das Herangehen von Familienunternehmen an Innovationsthemen gleicht in diesem Sinne weniger dem klassischem Projektmanagement, wie es in Nichtfamilienunternehmen oft anzutreffen ist, sondern weist Elemente eines agilen Projektmanagements auf (Binder 2013).

2.4   Kommerzialisierungsphase

In der Kommerzialisierungsphase zeigt sich, dass die oft enge Verbindung von Familienunternehmen zu den Individuen und Firmen in ihrem Netzwerk sowohl eine Stärke als auch eine Schwäche darstellt. Zunächst liegt es auf der Hand, dass die frühe Einbindung möglicher Kunden, wie in den vorangegangenen Abschnitten beschrieben, dazu führt, dass gemäß der Kundenwünsche entwickelt wird. Zudem steht bei einer derart engen Zusammenarbeit meist ein interessierter Kunde schon in den Startlöchern, wenn die Kommerzialisierungsphase beginnt. Gleichzeitig besteht jedoch die Gefahr, dass das Produkt zu sehr an den bestehenden Kunden ausgerichtet ist und potenzielle neue Kundengruppen übersieht.

Ein weiterer Nachteil besteht darin, dass Familienunternehmen oft stark an bestehenden Vertriebsstrukturen festhalten, da diese auf langjährigen persönlichen, teils sogar generationenübergreifenden Beziehungen bestehen. So fanden es einige Familienunternehmer im produzierenden Sektor nicht angebracht, einen Direktvertrieb ihrer Güter anzubieten, als die Digitalisierung dies um die Jahrtausendwende schließlich technologisch möglich machte (Kammerlander und Ganter 2015). So wurde nicht nur auf Marge verzichtet, sondern auch bewusst in Kauf genommen, dass potenzielle, typischerweise junge Kunden auf einen anderen Anbieter auswichen.

Untersuchungen zeigten, dass viele Verbraucher, aber auch Unternehmen ein generell positives Bild von Familienunternehmen besitzen. So werden Familienunternehmen generell als langfristig orientiert und vertrauensvoll angesehen (Beck und Prügl 2015). Diese Wahrnehmung können Familienunternehmen gut in der Kommerzialisierung ihrer Innovationen nutzen, da sie a priori eine höhere Akzeptanz der neuen Produkte und Services mit sich bringen. Besonders relevant scheint dieser Wettbewerbsvorteil von Familienunternehmen dann zu sein, wenn es sich um eine Kaufentscheidung unter hoher Unsicherheit (beispielsweise im High-Tech-Bereich oder in Bezug auf die Qualität von Lebensmitteln) handelt.

2.5   Zusammenfassung und Gesamteinschätzung

Familienunternehmen zeichnen sich entlang des Innovationsprozesses durch eine Reihe von Stärken und Schwächen aus. Aber was bedeutet das nun für die Innovationskraft von Familienunternehmen im Allgemeinen? Eine Meta-Studie von Duran und Kollegen (2015) zeigt, dass Familienunternehmen trotz weniger Ausgaben für Innovationen innovativer sind, d. h. am Ende des Innovationsprozesses mehr wertstiftende Patente, neue Produkte oder einen höheren Umsatzanteil durch Innovationen vorzuweisen haben als Nichtfamilienunternehmen. Diese Beziehungen („weniger Input, mehr Output") sind umso stärker, wenn ein Nachfolger aus der Familie als Geschäftsführer des Unternehmens tätig ist. Der Grund hierfür ist, dass Nachfolger aus der Familie typischerweise besonderes implizites Wissen über Unternehmen und Branche sowie ein besonders ausgeprägtes, auch persönliches Netzwerk besitzen, das im Innovationsprozess hilfreich sein kann.

Prominente Beispiele:
- In der aktuellsten Forbes-Liste der innovativsten Unternehmen der Welt finden sich viele Familienunternehmen, darunter zum Beispiel: Beiersdorf AG, H & M, Estée Lauder, Marriott und Kühne & Nagel.
- Das im Jahr 1923 gegründete Familienunternehmen Trumpf war ursprünglich ein erfolgreicher Produzent für Maschinen zum Schneiden von Blech und Metall. Mit dem Aufkommen von Lasertechnologie zu Schneidezwecken wandte sich Trumpf verstärkt diesem Bereich zu. Heute ist Trumpf Technologieführer im Bereich Lasertechnologie und verkauft diese auch in andere Branchen, wie zum Beispiel die Medizintechnik.
- Das US-amerikanische Familienunternehmen W. L. Gore, Hersteller der bekannten Goretex-Funktionskleidung, zeichnet sich seit jeher durch hohe Innovationskraft aus. Dies wird unter anderem durch eine sehr spezielle Unternehmenskultur erreicht. Mitarbeiter sind dazu ermuntert, sich aktiv einzubringen (in die Generierung, aber auch Bewertung von Ideen) und auch mal Fehler zu machen – und daraus zu lernen.

Denkanstöße:
- Wie sieht der Innovationsprozess im Unternehmen aus? Gibt es diesen überhaupt? Ist dieser Prozess eher straff und starr oder hemdsärmelig und flexibel organisiert?
- Ist das Familienunternehmen bereit, finanzielle Ressourcen für Innovationen aufzuwenden, und wenn ja, wie viele? Warum nicht mehr/weniger?
- Wie sucht das Unternehmen nach neuen Ideen? Welches Netzwerk verwendet das Unternehmen für den Innovationsprozess? Welche Personen oder Organisationen finden sich darin? Und wie vertrauensbasiert sind diese Kontakte?

- Wie werden Innovationen im Unternehmen evaluiert? Ist die Ideen-findung von der Ideenbewertung abgetrennt? Werden auch scheinbar verrückte Ideen willkommen geheißen? Gibt es eine Fehlerkultur im Unternehmen?
- Wer ist im Familienunternehmen für Innovationen verantwortlich? Gibt es ein Familienmitglied, das langfristig hinter diesem Thema steht? Gibt es ausgebildete (auch familienexterne) Experten, welche dieses Thema treiben?
- Wie effizient und wie effektiv ist der Innovationsprozess im Vergleich zu anderen Unternehmen?

Welche Innovationen passen zu Familienunternehmen?

3

3.1 Produkt- und Prozessinnovationen

Der Großteil von Studien zu Innovation in Familienunternehmen hat sich mit *Produktinnovationen* beschäftigt (De Massis et al. 2015). Das Ergebnis dieser Studien ist zum einen, dass Familienunternehmen bei Produktinnovationen besondere Stärken (zum Beispiel langfristige Orientierung und „commitment") und Schwächen (wie fehlende externe Perspektive und gegebenenfalls fehlendes technisches Wissen der zu Innovationen beauftragten Familienmitglieder) aufweisen, und zum anderen, dass der Innovationsprozess in Familienunternehmen typischerweise anders (i. e. flexibler und weniger formalisiert) abläuft als in Nichtfamilienunternehmen, wie im vorherigen Kapitel aufgezeigt.

Eine Studie am deutschen Mittelstand (Classen et al. 2014) zeigt, dass Familienunternehmer besonders in Bezug auf *Prozessinnovationen* deutlich effektiver sind als Nichtfamilienunternehmen und auch bei Produktinnovationen leicht im Vorteil liegen. Diese Vorteile werden den besonderen Ressourcen von Familienunternehmen zugeschrieben: dem Wissen und dem Einsatz der Mitarbeiter, aber auch der Netzwerkpartner. Kosten zu sparen liegt zudem seit jeher im Interesse von Familienunternehmern, welche nicht abstraktes fremdes, sondern ihr eigenes Geld ins Unternehmen investiert haben. Erfolgreiche Prozessinnovationen sind stark mit Kosteneinsparungen assoziiert. Ein weiterer Effekt von erfolgreichen Prozessinnovationen ist die gesteigerte Reliabilität und Qualität der produzierten Güter und angebotenen Dienstleistungen. Prozessinnovationen können sich daher positiv auf die Reputation auswirken – welche den Familienunternehmern typischerweise sehr am Herzen liegt. Insofern kann man feststellen, dass Familienunternehmen sowohl das *Können* als auch das *Wollen* besitzen, um sich im Bereich der Prozessinnovationen zu betätigen.

© Springer Fachmedien Wiesbaden 2016
N. Kammerlander, R. Prügl, *Innovation in Familienunternehmen,* essentials,
DOI 10.1007/978-3-658-12315-4_3

3.2 Geschäftsmodell- und organisationale Innovationen

Bei *Geschäftsmodellinnovationen* ändern sich das Wertversprechen („value proposition"), die Wertschöpfungsarchitektur und/oder das Ertragsmodell. In einer sich schnell verändernden Umwelt wird dieser Typus an Innovation immer wichtiger – das gilt auch für Familienunternehmen. Trotz der unbestrittenen Wichtigkeit von Geschäftsmodellinnovationen (Amit und Zott 2012) gibt es derzeit noch wenige empirische Untersuchungen dieses Innovationstypus in Familien- im Vergleich zu Nichtfamilienunternehmen. In einer explorativen Fallstudienuntersuchung haben Stampfl et al. (2013) anhand eines Familienunternehmens, der GKD AG, das bereits mehrere Geschäftsmodellinnovationen hervorgebracht hat, die Besonderheiten von Geschäftsmodellinnovationen in Familienunternehmen untersucht (vgl. Tab. 3.1). Bei der GKD AG handelt es sich um ein von dritter Familiengeneration geführtes, mittelständisches Unternehmen, das im Bereich der technischen Weberei tätig ist. In der Vergangenheit hat sich das Unternehmen vom Produkthersteller zum Serviceanbieter gewandelt.

Stampfl (2013) erarbeitet am Beispiel der GKD AG unter anderem folgende Erfolgsfaktoren für Geschäftsmodellinnovationen in Familienunternehmen. Besonders auffällig war zum einen das starke Bewusstsein der existierenden Kompetenzen und Ressourcen – auf diesen baute die GKD AG auf und erwarb zusätzliche Kompetenzen und Ressourcen. Ein Leitspruch des geschäftsführenden Gesellschafters lautet: „*Wir sind immer noch eine Weberei, und wir wollen auch eine Weberei bleiben. Aber wir sind eben weit mehr als das.*" Die Wurzeln des traditionsreichen Familienunternehmens wurden daher nicht der Innovation geopfert, sondern wurden genutzt, um das Unternehmern zu erweitern und in komplett neue Märkte vorzudringen. Beispielsweise wurde auf dem bestehenden Wissen im Bereich der technischen Weberei aufgebaut, und bestehende Produktionsanlagen wurden weiter genutzt. Des Weiteren zeigt sich an der GKD AG, dass nicht nur eine langfristige Ausrichtung des Unternehmens wichtig ist, sondern auch eine starke Bekenntnis der Geschäftsführung zu den teils gravierenden Änderungen im Rahmen der Geschäftsmodellinnovationen und insbesondere die Erkenntnis, dass solche Innovationen einen dauerhaften Veränderungsprozess mit sich bringen. Es gibt demnach keinen Zeitpunkt, zu dem der Unternehmer sagen kann: „Es sei vollbracht, nun möge wieder Ruhe einkehren!" Als weiteren Erfolgsfaktor arbeitet Stampfl das Komplexitätsmanagement heraus. Nur wenn es Familienunternehmern gelingt, die durch eine steigende Anzahl von Geschäftsmodellen und Märkten ebenfalls steigende Komplexität zu reduzieren, kann ein Fokus auf Geschäftsmodellinnovationen langfristig erfolgreich sein.

Tab. 3.1 Geschäftsmodellinnovationen am Beispiel der GKD AG (aus Stampfl 2013)

	Architekturgewebe	Entwicklung zum Serviceanbieter		
		Filtrationssysteme –und services	Transparente Medienfassaden	Deckensysteme
Start	1992	2004	2009	2011
Ausgangssituation	Bis zum Jahr 1991 machte GKD ca. 1/3 des Umsatzes mit dem ehemaligen Ostblock. Als sich die UdSSR auflöste, verlor man auf einen Schlag einen wichtigen Markt. Dieser wirtschaftliche Druck zwang GKD dazu, neu Umsatzquellen zu erschließen	Filtrationssysteme am Markt wurden wie Tintenstrahldrucker verkauft: günstige Maschinen, hoher Bedarf an teurem Filtermaterial. Die Anwender waren aufgrund der hohen Wartungskosten unzufrieden mit dem Angebot am Markt	Ein Kunde wollte Inhalte (z. B. Werbevideos) auf eine Gewebefassade projizieren. GKD entwickelte eine Lösung, die der Projektion technisch überlegen war: Durch das Anbringen von LEDs auf den Geweben können großflächige Medienfassaden entwickelt werden	GKD erkannte, dass das Know-how aus den Bereichen Architektur und Medienfassaden auch auf das Innere von Gebäuden übertragbar ist und entwickelte dafür Deckensysteme
GM Innovation	GKD hat eine völlig neue Anwendung für ein bestehendes Produkt entwickelt: Metallgewebe wurden nun nicht nur für Filtrationszwecke, sondern auch für architekturale Anwendungen eingesetzt, wo die Gewebe als dekoratives und zugleich funktionales Gestaltungselement (z. B. Beschattung, Isolation, Akustik) für Fassaden dienen	GKD entwickelte sich zum Experten für Filtrationsprozesse. Man begann ganze Filterlösungen anzubieten: hochwertige Filtersysteme mit niedrigen Wartungskosten, Simulationsleistungen, Beratung zu Filtrationsprozessen. Die Kunden können sich daher auf die Produktionsprozesse konzentrieren, da GKD die Filtrationsaufgaben übernimmt	GKD entwickelte großflächige transparente Medienfassaden für die unterschiedlichsten Gebäudetypen. GKD übernimmt hier Design, Produktion und Installation und stellt die unterbrechungsfreie Darstellung von Inhalten auf den Fassaden sicher	GKD entwickelt derzeit Services (Planung, Installation, Wartung, Beratung) für Deckensysteme für das Innere von Gebäuden

Tab. 3.1 (fortsetzung)

	Architekturgewebe	Entwicklung zum Serviceanbieter		
		Filtrationssysteme –und services	Transparente Medienfassaden	Deckensysteme
Größte Veränderungen im GM	Architekten sind nun Schlüsselpartner und Kunden zu gleich. Es handelt sich um Projektgeschäft, eine individuelle Produktentwicklung für jeden einzelnen Kunden ist erforderlich. Keine Umsätze durch Ersatzteile. Große Sichtbarkeit des Produkts	Neue Schlüsselpartner, da man nun nicht mehr Verbrauchsgüter, sondern Investitionsgüter (Filtrationssysteme) und Services verkauft. Aufbau einer Ersatzteilversorgung, langwierigere Verkaufsprozesse, kürzere Kundenbeziehungen	Gänzlich neue Schlüsselpartner und Kunden (Gebäudeeigentümer, Werbeagenturen, Außenwerbungsunternehmen). GKD verkauft Stunden an unterbrechungsfreier Übertragung von Inhalten. Das Weben der Fassaden macht nur noch 10% der gesamten Wertschöpfung aus	Neue Schlüsselpartner und Kunden. *[Aktuell sind noch nicht mehr Details verfügbar, da das finale Geschäftsmodell noch in Entwicklung ist]*

GM=Geschäftsmodell

Zusammengefasst können Familienunternehmen offenbar besonders davon profitieren, Methoden, wie zum Beispiel die systematische Suche nach neuen Märkten für vorhandene (technologische) Kompetenzen, einzusetzen. Mit diesem Ansatz können in vielen Fällen direkte Anwendungsmöglichkeiten und somit neue Absatzmärkte identifiziert werden, die mit vertretbarem Aufwand und Risiko einhergehen, da die zugrunde liegenden Technologien bzw. Kompetenzen bereits vorhanden sind (Keinz und Prügl 2010).

Organisationale Innovationen treten in Familienunternehmen besonders im Zusammenhang mit der Unternehmensnachfolge auf. Während es bislang kaum Forschung zu diesem Themenfeld gibt, kann man aus verschiedensten Familienunternehmensanekdoten lernen, dass der Nachfolger häufig einen anderen (oft weniger patriarchalischen) Führungsstil anwendet und in diesem Zuge auch die organisationalen Strukturen ändert (Prügl und Hauck 2013). Die Beispiele zeigen, dass solche Innovationen vor allem dann erfolgreich sind, wenn folgende Elemente zutreffen: 1) Der Vorgänger unterstützt das Vorhaben des Nachfolgers und zieht sich sichtbar aus dem aktiven Geschäft zurück. Hilfreich kann hier beispielsweise ein klar definierter Übergabezeitpunkt sowie eine Schließung oder zumindest Verlegung des Büros des Vorgängers sein. 2) Der Nachfolger genießt den Respekt der Mitarbeiterschaft. Dies kann beispielsweise durch vorhergegangene Erfolge im Familienunternehmen (beispielsweise Aufbau einer neuen Sparte), durch eigene unternehmerische Tätigkeiten oder aber durch Leistungen in anderen Betrieben (beispielsweise auch eine eigene Gründung durch den Nachfolger) erreicht werden. 3) Die Mitarbeiter haben nicht das Gefühl, „alles" würde verändert und nichts bliebe gleich. So hat ein erfolgreiches mittelständisches Familienunternehmen in der Verlagsbranche beispielsweise bei tiefgreifenden organisationalen Veränderungen die Familienunternehmenswerte besonders stark betont und in Initiativen, welche diese Werte unterstützten (beispielsweise auch soziale Zwecke), investiert. So hatten die Mitarbeiter stets vor Augen, dass der Arbeitgeber der alte bleibe, das Vertrauen weiterbestehen könne und sich eben „nur" die Organisation als solche wandle.

3.3   Radikale versus inkrementelle Veränderungen

Wenn positiv über die Innovationskraft von Familienunternehmen gesprochen wird, so geschieht das meist in Bezug auf inkrementelle oder kontinuierliche Innovationen (Cassia et al. 2012; Classen et al. 2014), bei denen der Grad an Veränderung überschaubar ist und die zudem meist auf bestehenden Kompetenzen aufbauen. In Bezug auf radikale oder disruptive Innovationen, welche sich häufig stark von bestehenden Produkten bezüglich ihres Werteversprechens unterscheiden und welche oft auf neuen Kompetenzen aufbauen und alte überflüssig machen, haben Familienunternehmen Vor- und Nachteile. Wie König und Kollegen (2013) argumentieren, stehen die Familienunternehmer hierbei vor einem „family innovator's dilemma": Zum einen würden die oft flachen Hierarchien eine schnelle Entscheidung für die Aufnahme der Innovation erlauben. Die emotionale Verbindung der Familieneigentümer zum Unternehmen hingegen hält sie davon ab. Zum anderen befreit die Unabhängigkeit der Familie von externen Kapitalgebern von den typischen Zwängen, die Christensen (1997) als Hemmnisse für disruptive Innovationen beschrieben hat. Zugleich aber vermindert der Kontrollwunsch der Familie, dass ausreichend Kapital für disruptive Innovationen zur Verfügung steht. Im Einklang mit dieser Argumentation zeigten Patel und Chrisman (2014), dass Familienunternehmen typischerweise eher in inkrementelle, exploitative als in radikale, explorative Innovationen investieren. Bedeutet das nun, dass Familienunternehmer sich von radikalen Innovationen fernhalten sollten? Nein. In der Tat bringen Bergfeld und Weber (2011) einige spannende Beispiele von Familienunternehmen, die in der Vergangenheit aufgrund ihrer langfristigen Orientierung erfolgreich auf radikale Innovationen gesetzt haben. Kammerlander und Ganter (2015) weisen darauf hin, dass Familienunternehmer ihre eigenen Ziele und Werte hinterfragen sollten: Ein Fokus auf Unabhängigkeit beispielsweise begünstigt in ihrer Studie das frühe Erkennen von und Entscheiden für radikale Innovationen, während ein Fokus auf die Erhaltung bestehender Beziehungen radikale Innovationen verhindert, jedoch inkrementelle Innovationen fördert.

3.4   Veränderung der Kundengruppen

Für Familienunternehmen sind die Kunden und ihr Feedback im Innovationsprozess von enormer Bedeutung (Binder 2013). Während dies, wie oben beschrieben, zu einigen Vorteilen im Innovationsprozess führt, bringt es auch Nachteile mit sich: Ist der Markt erst einmal einigermaßen gesättigt und hat das Unternehmen eine gute Marktdurchdringung erreicht, so wird ein Fokus auf neue Kundengruppen nötig, um weiter zu wachsen. Neue Kundengruppen unterscheiden sich jedoch in ihren Bedürfnissen und Anforderungen oft fundamental von den bestehenden Kundengruppen. Man denke nur an jugendliche Kunden, welchen die allzeit zur Verfügung stehenden Einkaufsmöglichkeiten „anywhere at any time" oft von höherer Bedeutung sind als die ausführliche und persönliche Beratung im Geschäft, welche Kundengruppen in der Vergangenheit am Herzen lag. Steht das Familienunternehmen also vor allem in Kontakt mit bereits bestehenden Kunden, so ist schwierig, neue Kundengruppen zu adressieren. Um an diesen Innovationen teilhaben zu können, müssen Familienunternehmer demnach ihre Kontakte, Suchstrategien und Bewertungskriterien kritisch überdenken und insbesondere auch kunden*un*abhängige Innovationen betreiben.

Prominente Beispiele:

- Die Otto Group, bekannt geworden als deutscher Versandhandel in Familienhand, zeigte ein für Familienunternehmen sehr typisches und letztendlich sehr erfolgreiches Anpassungsmuster an die Bedrohung des eigenen Marktes durch den Eintritt von Amazon: Man reagierte schnell, experimentierte viel mit Onlinehandel. Dabei versuchte man stets, die Investitionssummen überschaubar zu halten, und ließ sich auch von Rückschlägen nicht entmutigen. Dadurch konnte Otto über die Zeit hinweg viele Erfahrungen und implizites Wissen ansammeln. Zudem scheute man sich nicht, externe Experten für das Thema Digitales anzuheuern. Heute gilt Otto im Konsumentengeschäft nach Amazon als zweitgrößter Onlinehändler weltweit.
- Die Beiersdorf AG wird von Familienmitgliedern aus dritter Generation kontrolliert und gilt als besonders positives Beispiel für Innovationskraft. So hat die Beiersdorf AG in den letzten zehn Jahren beispielsweise sogenannte „incubator labs" ins Leben gerufen, in denen gemeinsam mit den Zulieferern geforscht und entwickelt wird. Zudem wurde mit dem „Pearlfinder"-Programm eine Onlineplattform geschaffen, welche den Zweck verfolgt, „open innovation" zu stimulieren.
- Ein Schweizer Familienunternehmen rief einen jährlichen Innovationswettbewerb für seine Zulieferer aus. Die Kosten für das Familienunternehmen – ein Abendessen des Siegers mit der Geschäftsführung sowie eine Plakette – hielten sich in Grenzen. Der Nutzen war jedoch groß: Aufgrund des Prestigegewinns – der Innovationspreis machte sich gut im eigenen Marketing – waren die Zulieferer höchst motiviert, den entsprechenden Preis zu bekommen.

Denkanstöße:

- In welchen Innovationsarten war das Familienunternehmen traditionell stark, in welchen schwach? Passt das zur aktuellen Entwicklung des wirtschaftlichen Umfeldes?
- Was ist das Geschäftsmodell des Familienunternehmens? Was kann man von innovativen Geschäftsmodellen aus anderen Industrien lernen? Können Elemente übertragen werden?
- Entspricht die organisationale Struktur noch einem Unternehmen des 21. Jahrhunderts? Welche Innovationen könnten hier sinnvoll sein?
- Gibt es Anzeichen im Markt, dass disruptive Einschnitte bevorstehen oder möglicherweise in Zukunft bevorstehen könnten? Wie ist das Familienunternehmen dafür gerüstet?

Liegt der Grundstein der Innovationskraft in der Familie? 4

Besonders wichtig für die Innovationskraft der Familienunternehmen ist auch die Einbindung der jüngeren Generation (Cruz und Nordqvist 2012), die häufig durch ihre externe Perspektive und gute Ausbildung das Unternehmen mit neuen Ideen bereichern kann (Hauck und Prügl 2015a, b). Eine Umfrage unter mittelgroßen deutschen Maschinenbaufirmen im Familienbesitz bestätigt die Annahme, dass die gleichzeitige Aktivität mehrerer Generationen zu mehr Innovation führt, sofern die Geschäftsleitung grundsätzlich gegenüber Neuem aufgeschlossen ist (Kraiczy 2013). Die Leitung innovativer Projekte kann für jüngere Familienmitglieder eine gute Möglichkeit sein, sich im Familienunternehmen zu etablieren und Respekt bei Mitarbeitern und externen Stakeholdern zu erwerben. Gleichzeitig zeigt aber obig genannte Studie im deutschen Maschinenbau auch, dass zusätzlich eingestellte familien*externe* Manager die Innovationskraft der Familienunternehmen noch weiter erhöhen können.

Auch die Mythenbildung kann die Innovationskraft von Familienunternehmen beeinflussen (Kammerlander et al. 2015a). So ist es in vielen Unternehmerfamilien durchaus üblich, dass die Familienmitglieder bereits von Kindheit an Geschichten über das Familienunternehmen erzählt bekommen. Eine Tradition, die sicherlich förderlich dafür ist, die Bindung der Familienmitglieder zum Unternehmen über die Dauer aufrechtzuerhalten und zu verstärken. Aber was heißt das für die Innovationskraft? Die Studie von Kammerlander und Kollegen (2015a) im sardischen Weinbau zeigt, dass es stark auf den Inhalt dieser Geschichten ankommt. Wenn der Fokus stark auf dem Gründer, dessen heroischen Taten und Eigenschaften liegt, so ist es wahrscheinlich, dass dieses Bild auf das Unternehmen abfärbt: In solchen Firmen haben vor allem die älteren Generationen das Sagen, und bei Entscheidungen wird stets mit einbezogen, was der Gründer wohl darüber denken würde. Innovation kommt dabei kaum auf. Anders sieht es aus, wenn die Geschichten sich um die Familie und ihre (positiven) Werte sowie die Unternehmensgeschichte an

© Springer Fachmedien Wiesbaden 2016
N. Kammerlander, R. Prügl, *Innovation in Familienunternehmen*, essentials,
DOI 10.1007/978-3-658-12315-4_4

sich ranken. In diesem Fall wird zwar die Bindung an das Unternehmen hergestellt, es gibt jedoch keine Einschränkungen, wer welche Entscheidungen treffen darf und soll. Diesen Unternehmen wurde in der Studie eine hohe Innovationskraft beschieden.

Prominente Beispiele:

- Bei der 1990 gegründeten Elektronikfirma Alpha-Board war es beispielsweise der Sohn der Gründerin, Georg Groß, der den Anstoß zu neuen Innovationen gab. Durch seinen Vorschlag, in neue Software zu investieren, der anfangs auf großen Widerstand der Seniorgeneration stieß, schaffte er es, das Unternehmen aus der Stagnation zu reißen und auf Wachstumskurs zu bringen (zum Weiterlesen: http://www.impulse.de/management/warum-sich-familienbande-fur-die-firma-auszahlt/1027323/).

Denkanstöße

- Sind die Kinder bzw. ist die nachfolgende Generation in das Unternehmen eingebunden? Ab wann und in welchem Rahmen? Wie wird auf die Vorschläge der Kinder reagiert? Werden diese ernstgenommen und erhalten diese die Möglichkeit, zu experimentieren?
- Wie ist die Balance zwischen familieninternen und -externen Managern?
- Welche Geschichten werden bei Familientreffen erzählt? Wie beeinflussen diese, was im Unternehmen passiert?

Nimmt die Innovationskraft über die Generationen hinweg ab? {5}

Gründer sind im Normalfall sehr innovativ. Oft ist es ihre innovative Idee für ein neues Produkt, einen neuen Service bzw. die Identifikation eines noch unbefriedigten Marktbedürfnisses, die sie dazu bringt, ein neues Unternehmen aufzubauen. Aber was passiert über die Generationen hinweg? Stimmt das bekannte, Otto von Bismarck zugeschriebene, Sprichwort, dass die erste Generation das Geld verdiene, die zweite das Vermögen verwalte, die dritte Kunstgeschichte studiere und die vierte vollends verkomme? Die Forschung ist sich hierzu uneins (De Massis et al. 2013); neueste Ergebnisse zeigen hingegen, dass spätere Generationen im Durchschnitt weniger in Innovation investieren, jedoch aufgrund gesteigerter Effizienz im Innovationsprozess innovativer sind (Duran et al. 2015).

Wie nun aber kann die nachfolgende Generation die Innovationskraft des Unternehmens aufrechterhalten? Diese Frage ist über die Generationen immer wieder von großer Bedeutung und insbesondere im Rahmen des Übergangs vom Gründerunternehmen zur zweiten Generation ein besonders bedeutsames Thema. Es ist sehr unwahrscheinlich, dass die nachfolgende Generation die gleiche Unternehmerkraft und fachliche Genialität im speziellen Fachgebiet – beispielsweise Lebensmittelchemie oder Lastertechnologie – besitzt wie die Gründergeneration. Zudem werden an die Nachfolgegeneration weitere Anforderungen gestellt, die das „managing" oder „controlling" der Firma betreffen, da in späteren Generationen das Unternehmen typischerweise bereits gewachsen und daher komplexer ist. Eine mögliche Lösung dieser Herausforderung und Schlüssel zur generationsübergreifenden Innovationskraft stellt „Innovation durch Führung" dar. Der Geschäftsführer selbst muss sich dabei nicht dafür verantwortlich sehen, Innovation im Unternehmen selbst zu generieren. Er oder sie muss sich aber sehr wohl dafür verantwortlich fühlen, „Innovatoren" einzustellen, welche neue Ideen generieren und diese umsetzen.

© Springer Fachmedien Wiesbaden 2016
N. Kammerlander, R. Prügl, *Innovation in Familienunternehmen*, essentials,
DOI 10.1007/978-3-658-12315-4_5

Innovation durch Führung – wie geht das? Neben der richtigen Personalauswahl geht es bei Innovation durch Führung auch darum, diese Mitarbeiter zu kreativem Denken zu motivieren und ihnen den Freiraum zu geben, innovativ tätig zu sein. Während bei manchen Firmen Innovationen ein dezentrales Thema sind, für das im Prinzip jeder Mitarbeiter verantwortlich ist und dessen ultimative Verantwortung beim Geschäftsführer liegt, mag bei anderen Unternehmen die Bildung einer Stabstelle für Innovation von Vorteil sein. Eine Studie an belgischen und niederländischen KMUs in Familienhand zeigt zudem die wichtige Bedeutung der Unternehmenskultur für technologische Innovationen, insbesondere in Familienunternehmen der ersten und zweiten Generation (Bammens et al. 2010). Als wichtige Elemente einer innovationsfreudigen Kultur betonen die Wissenschaftler die Autonomie[1] des einzelnen Mitarbeiters, das Vertrauen untereinander und das Gemeinschaftsgefühl. Eine Untersuchung von Spriggs et al. (2013) an einer US-Stichprobe zeigt, dass die Zusammenarbeit der Mitarbeiter besonders ausschlaggebend dafür ist, ob die Innovationsaktivitäten des Unternehmens zum Erfolg führen. Interessanterweise ist dabei der Effekt des „collaborative network" besonders positiv, wenn es nur wenige Eigentümer gibt, und schwächt sich bei Eigentümerdispersion deutlich ab.

Wie können nun Mitarbeiter motiviert werden, sich innovativ ins Unternehmen einzubringen? Dabei sollten Familienunternehmen kritisch hinterfragen, ob die Vergütungsstrukturen für externe Manager, sofern vorhanden, Innovation im Unternehmen unterstützen oder eher behindern (Gómez-Mejía et al. 2003). Bezüglich monetärer Anreize sind die Möglichkeiten vieler Familienunternehmen sicherlich beschränkt. Insbesondere variable Vergütungen bringen jedoch häufig den Nachteil mit sich, dass sie zwar die extrinsische Motivation leicht anheben, die intrinsische Motivation aber in weitaus höherem Maße zerstören. Die Sparsamkeit vieler Familienunternehmer steht dem Gedanken entgegen, das Fixgehalt der Mitarbeiter dauerhaft anzuheben, welches einen wirksamen „Hygienefaktor" darstellt und durchaus für die Mitarbeitermotivation von Bedeutung sein kann. Familienunternehmen können jedoch einiges durch Führung ausgleichen, insbesondere wenn ein Familienmitglied an der Spitze des Unternehmens steht. So wirken sich beispielsweise ein transformationaler, d. h. visionsbasierter, Führungsstil und die Vermittlung von Jobsicherheit (durch die klare Kommunikation einer langfristigen Perspektive) positiv auf die intrinsische Motivation der Mitarbeiter aus.

---

[1] Die Autonomie der Mitarbeiter kann beispielsweise durch sogenanntes „job enlargement", also die Erweiterung des eigentlichen Aufgabengebietes, gesteigert werden. Auch die Rotation der Mitarbeiter durch das Unternehmen wirkt sich meist positiv auf deren intrinsische Motivation aus, da ein verbessertes Gefühl des eigenen Beitrags zum Ganzen entsteht.

Prominente Beispiele:

- Die Nachkommen eines Schweizer Familienbetriebs steht aufgrund ihrer fachfremden Ausbildung im Kosmetikbereich nicht für die operative Nachfolge bereit. Daher wird ein externer Geschäftsführer ins Unternehmen geholt. Die Familieneigentümerin fühlt sich jedoch trotzdem sehr für die Unternehmenskultur und das Klima unter den Mitarbeitenden verantwortlich. Aus diesem Grund ist sie nicht nur häufig, immer mit einem Lächeln, im Betrieb unterwegs, sondern kümmert sich auch um die Dekoration des Unternehmens sowie um Aufmerksamkeiten zu Geburtstag und Weihnachten. Das starke Engagement der Eigentümerin bleibt den Mitarbeitern nicht verborgen und wird von diesen sehr geschätzt.
- In einem deutschen Technologieunternehmen werden Patenturkunden stets gerahmt und öffentlich sichtbar aufgehängt. Im Treppenhaus des Hauptgebäudes werden zudem Urkunden ausgestellt, die jedes Jahr für den innovativsten Mitarbeiter vergeben werden. Die Ingenieure sind sichtbar stolz auf ihre Leistungen, wenn sie von Besuchern auf ihre Leistung angesprochen werden.
- Ein Software-Unternehmer lässt seine Mitarbeiter stets in Arbeitskreisen über ihre Ideen und Vorschläge abstimmen. Die Innovatoren, welche am besten abschneiden, werden vom Geschäftsführer zum Essen eingeladen.
- Ricardo Semler, Nachfolger im brasilianischen Familienunternehmen Semco, schaffte Arbeitszeitkontrollen gänzlich ab und gewährte seinen Mitarbeitern Mitspracherechte bei der Bestimmung der Vorgesetzten.
- Ein deutsches Familienunternehmen führt auf Basis von Ideen von Mitarbeitern in der Frühphase der Innovationsentwicklung regelmäßige, kurze Treffen (fünfzehn bis dreißig Minuten) durch, bei denen einer der Geschäftsführer aus der Familie mit dabei ist. Je nach Informationsbedarf werden interne und externe Know-how-Träger dazugeholt. Es werden jeweils konkrete, machbare nächste Schritte festgelegt, die ein Weiterkommen ermöglichen. Durch diese Vorgehensweise und die sichtbare Unterstützung der Unternehmensleitung wird die Energie im Prozess aufrechterhalten.

Denkanstöße:

- Sehen die aktiven Familienmitglieder es als ihre Aufgabe an, zu verwalten, innovativ tätig zu sein oder zu Innovationen zu ermuntern?
- Wie ist der Führungsstil im Unternehmen einzuschätzen? Motiviert er zum Experimentieren? Oder ist das Gegenteil der Fall?

- Welche Anreizsysteme, monetärer oder nichtmonetärer Art, werden im Unternehmen eingesetzt?
- Was ist die Rolle der Familieneigentümer bezüglich Organisationskultur? Was können die engagierten und aktiven Gesellschafter tun, um das Klima im Unternehmen weiter zu verbessern?
- Wie häufig suchen die Familienmitglieder den direkten Kontakt zu den Mitarbeitern (jeglicher Hierarchiestufen)?

Wann ist ein guter Zeitpunkt für Innovationsaktivitäten? {6}

Die Phase der familieninternen Führungsnachfolge weist spezielle Eigenschaften auf, die sie zu einem besonderen Zeitfenster für die Erschließung und Umsetzung von Veränderung und Innovation macht – und das trotz aller Herausforderungen für Familie und Unternehmen, die mit der Nachfolge einhergehen (Hauck und Prügl 2015). Neben der Einschränkung auf diesen speziellen Zeitraum im Lebenszyklus eines Familienunternehmens liegt der Fokus der Betrachtung auf dem Einfluss der Unternehmerfamilie auf Innovationsaktivitäten, der fördernd und hemmend zugleich sein kann.

Die Nachfolgephase ist idealerweise durch einen Zeitraum der gemeinsamen Zusammenarbeit zwischen Senior- und Juniorgeneration geprägt. Im Allgemeinen ist die Nachfolgephase durch die steigende Einbindung der Juniorgeneration und die gleichzeitig sinkende Einbindung der Seniorgeneration in Entscheidungsprozesse und betriebliche Abläufe geprägt. Der Zeitraum der Nachfolge ist individuell sehr unterschiedlich und beginnt weit vor und endet weit nach der eigentlichen Übertragung der Entscheidungsverantwortung. In der Forschung wird von einem mehrjährigen Prozess ausgegangen, empirisch werden meist Zeiträume von fünf bis zehn Jahren berücksichtigt (Miller et al. 2003).

Zwar geht die Nachfolgephase mit einer Vielzahl an Veränderungen sowohl in der Familie als auch im Unternehmen und somit mit einer großen Unsicherheit einher – dennoch muss sie nicht immer nur, wie in der Literatur und Praxis häufig beschrieben, ein Problem oder eine Krise für Unternehmen und Familie sein. Denn die Nachfolgephase kann als Katalysator von (positiven) Veränderungen und Neuerungen gesehen werden (Kotlar und De Massis 2013) – und wird sie auch als solche wahrgenommen und genutzt, kann sie auch eine große Chance für Unternehmen und Familie sein. Die Wahrnehmung der Führungsnachfolge als

© Springer Fachmedien Wiesbaden 2016
N. Kammerlander, R. Prügl, *Innovation in Familienunternehmen*, essentials,
DOI 10.1007/978-3-658-12315-4_6

periodisch auftretende Chance kann dazu genutzt werden, aus der – in der Forschung so bezeichneten – „strategischen Trägheit" von etablierten Unternehmen auszubrechen, dabei Anpassungen und Neuerungen an Produkten, Dienstleistungen, Prozessen, Strukturen oder auch dem Geschäftsmodell vorzunehmen und das Unternehmen somit (erneut bzw. für die Zukunft) wettbewerbsfähig aufzustellen (vgl. Pfeffer und Salancik 1978; Quigley und Hambrick 2012).

Sowohl in technologieintensiven als auch in nichttechnologischen Bereichen, zum Beispiel der Hotellerie – einer der ältesten von Familienunternehmen dominierten Branchen –, lassen sich Beispiele für die Bedeutung der Nachfolgephase für Innovation in Familienunternehmen finden (Hauck und Prügl 2015b). Eine aktuelle Studie von Hauck und Prügl (2015a) zeigt, dass die Familie sich sowohl fördernd als auch hinderlich auf Innovation in der Nachfolgephase auswirken kann. Im Folgenden werden drei Faktoren, nämlich die Identifikation der Familienmitglieder mit dem Unternehmen, Familienklima sowie die Autoritätsstrukturen, diskutiert.

6.1 Identifikation der Familie mit dem Unternehmen

Es liegt in der Natur von Familienunternehmen, dass sich die Familienmitglieder häufig sehr stark mit dem Unternehmen identifizieren (Von Schlippe und Frank 2013). Die Nähe zwischen Familie und Unternehmen geht mit einem besonderen Verantwortungsbewusstsein für das Schicksal des Unternehmens einher (Miller et al. 2008), kann aber auch dazu führen, dass (insbesondere bei der Seniorgeneration) sehr starke emotionale Bindungen zum Status Quo aufgebaut werden, welche die Umsetzung von Veränderung und Innovation verhindern (König et al. 2013). Die lang gewachsene Beziehung der Familienmitglieder zum Unternehmen kann daher hemmend auf Innovation wirken. Da sich aber, wie bereits angesprochen, über die Jahre hinweg ein regelrechter Innovationsstau aufbauen kann, kann insbesondere die Nachfolgephase genutzt werden, um durch Änderungen und Neuerungen die Zukunftsfähigkeit des Unternehmens zu sichern (und damit die Attraktivität einer Weiterführung erst zu ermöglichen). Abhilfe kann hier auch ein gut strukturierter Nachfolge- bzw. Übergabeplan schaffen, der das langfristige Überleben des Unternehmens über egozentrierte Ziele wie den Erhalt des Status Quo stellt sowie ganz klare Rollenverteilungen der Senior- und Juniorgeneration festlegt.

6.2   Die Problemlösungsfähigkeit der Familie

Familien werden in der Familienforschung als „Problemlöser" beschrieben (vgl. Olson 1988). Jedoch variiert die Fähigkeit, Probleme zu lösen und mit Herausforderungen umzugehen, von Familie zu Familie (vgl. Walsh 1998). Da der Zeitraum der Führungsnachfolge mit einer Vielzahl an Herausforderungen für Familie und Unternehmen einhergeht, ist die Anpassungs- und Problemlösungsfähigkeit der Familie in dieser Phase besonders gefragt (Handler 1994). Haben Familien die Fähigkeit, offen und effektiv zu kommunizieren und dadurch Herausforderungen im Rahmen der Nachfolge zu bewältigen (Björnberg und Nicholson 2007), so ist es wahrscheinlich, dass noch Energie und Ressourcen verbleiben, um neben den zahlreichen Regelungsnotwendigkeiten im Rahmen der Nachfolge in Familie und Unternehmen auch die Chance für Veränderung und Innovation im Unternehmen zu nutzen. Verfügen Familien hingegen nicht (oder in geringerem Ausmaß) über die Fähigkeit der offenen, effektiven Kommunikation zur Problembewältigung, so wird die Nachfolge möglicherweise als äußerst mühsam, problematisch, einnehmend und generell als Bedrohung wahrgenommen – was wiederum die (tatsächlichen und wahrgenommenen) Handlungsspielräume und somit die Wahrscheinlichkeit für Innovation schrumpfen lässt.

6.3   Autoritätsstrukturen in der Familie

Im Rahmen der Betrachtung von Innovation spielen auch der Grad der Zentralisierung von Entscheidungsgewalt und die Autoritätsstrukturen zwischen den Generationen eine nicht unwesentliche Rolle. Diese Autoritätsstruktur ist während der Nachfolgephase sicherlich deutlichen Veränderungen unterworfen. Während eine Zentralisierung von Entscheidungsgewalt und eine hohe Autorität der Seniorgeneration zwar schnelle und klare Entscheidungen erlauben (König et al. 2013), limitieren diese Faktoren letztlich auch den Informationsaustausch und partizipative Entscheidungsprozesse – und dadurch letztlich auch die Entstehung von Innovation (Zahra et al. 2004). Damit das Wissen, die Ideen und die Informationen, die der Nachfolger ins Familienunternehmen bringt, letztlich auch wahrgenommen, auf Augenhöhe zwischen den Generationen diskutiert und möglicherweise auch umgesetzt werden können, muss der nachrückenden Generation ein gewisses Level an Entscheidungsgewalt und Handlungsspielraum eingeräumt werden. Dies erfordert jedoch ein schrittweise erfolgendes „Loslassen" der Seniorgeneration und gleichzeitig die Bereitschaft der Juniorgeneration, die damit einhergehende Verantwortung auch anzunehmen.

Prominente Beispiele:

Das Hotel Post in Bezau (Österreich), welches heute in fünfter Generation von Susanne Kaufmann geführt wird, kann auf eine lange von Innovation und Veränderung geprägte Geschichte zurückblicken. Als Postamt in 1950 gegründet und umgebaut zu einem kleinen Gasthaus, entwickelte die Unternehmerfamilie ihren Betrieb über Generationen zu einem Design- und Spa-Hotel. Die jetzige Geschäftsführerin Susanne Kaufmann setzte während der letzten Übergabephase in den 1990er-Jahren in ihrer Rolle als Nachfolgerin gemeinsam mit der Seniorgeneration etliche Innovationen im Bereich Produkte und Services, aber auch neue Geschäftsmodelle um. Ebenso wurden Prozesse und Organisationsstrukturen entsprechend verändert. Beispielsweise wurde das Hotel komplett umgebaut und erweitert (zum Beispiel Hallenbad, Tennisplätze, Spa-Bereich) und an moderne Designstandards angepasst, um die strategische Positionierung als Design- und Spa-Hotel zu forcieren. Darüber hinaus führte Susanne Kaufmann eigene Spa-Produkte ein und erweiterte somit das Geschäftsmodell. Die Seniorgeneration überließ die Aufgabe der Innovation der Nachfolgerin und verschaffte ihr den dafür nötigen Freiraum, insbesondere durch die Unterstützung im Tagesgeschäft. Die Familie Kaufmann nutzte den Zeitraum der Nachfolge also spezifisch zur Umsetzung von Veränderung und Innovation im Unternehmen.

Denkanstöße:

- Wie nehmen Sie die Nachfolge-/Übergabephase in Bezug auf das Unternehmen und die Familie generell wahr? Welche Chancen und welche Herausforderungen sehen Sie auf sich zukommen?
- Wie wird das Thema „Innovation" in der Übergabephase gehandhabt?
- Wie geht Ihre Familie generell mit Problemen und Herausforderungen um? Wie offen ist die Kommunikation und damit Problemlösungsfähigkeit in Ihrer Familie bezüglich der Nachfolge im Unternehmen?
- Wie sieht die Rollenteilung zwischen den Generationen in Bezug auf notwendige Neuerungen in der Übergabephase aus? Welche Möglichkeiten gibt es für den Nachfolger, sich eine eigene unternehmerische Reputation in den ersten Jahren der Nachfolge aufzubauen? Welche formalen Rollen werden Junior- und Seniorgeneration zu welchen Zeitpunkten ausfüllen?
- Wie schätzen Sie die Autoritätsstrukturen zwischen der Senior- und Juniorgeneration ein? Inwieweit werden Ideen, Meinungen und Wissen von anderen Familienmitgliedern (insbesondere der Juniorgeneration) wahrgenommen, auf Augenhöhe diskutiert und im Unternehmen aufgegriffen?

- Inwiefern verfolgen Sie in Ihrem Unternehmen Innovation – d. h. die Entwicklung und Einführung neuer Produkte, neuer Prozesse und Organisationsstrukturen oder gar neuer Geschäftsmodelle?
- Wer ist in Ihrem Unternehmen für Innovation „verantwortlich", wer kann Ideen einbringen, mit wem wird diskutiert, und gibt es für das Thema Innovation gewisse klare und im Unternehmen verankerte Prozesse?
- Welche organisatorischen Rahmenbedingungen brauchen beide Generationen, um das Thema Innovation während der Übergabephase voranzubringen?
- Welche „Exit-Strategie" bzw. Alternativaufgaben und -rollen gibt es für die Seniorgeneration während und nach dem Nachfolgeprozess?

Was können Familienunternehmer noch tun, um die Innovationskraft in ihrem Unternehmen zu erhöhen?

Über die allgemeinen Erfolgsfaktoren von Innovationsprozessen und Innovationsmanagement in Unternehmen wurde bereits viel geschrieben, sodass hier zunächst auf die Grundlagenliteratur verwiesen werden sollte (Ahuja et al. 2008; Garud et al. 2013; Hauschildt und Salomo 2011). Jedoch zeichnen sich einige Hinweise ab, die entweder ausschließlich oder aber in besonderem Maße für Familienunternehmen gelten. Auf diese sollte im Folgenden eingegangen werden.

7.1 Sollen Familienmitglieder in den Innovationsprozess eingebunden werden, und wenn ja, wie?

Häufig fehlt Familienmitgliedern die fachliche Fokussierung, um Innovationsthemen beispielsweise als Projektleiter steuern zu können. In diesen Fällen kann die Innovationskraft von Unternehmen von einer Projektleitung durch einen familienexternen Spezialisten profitieren. Zugleich aber kann die Innovationskraft gesteigert werden, wenn ein Familienmitglied als „Innovations-Champion" auftritt, also als Fürsprecher gewisser Innovationsprojekte im Unternehmen. Durch diese Rolle wird den entsprechenden Projekten im Unternehmen nochmals mehr Gewicht verschafft.

7.2 Welche Quellen sollen Familienunternehmen für den Innovationsprozess heranziehen?

Es bietet sich hier die Nutzung externer Innovationsquellen an. Unter externen Innovationsquellen versteht man beispielsweise den Input von Hochschulen, Verbänden, Kunden, Zulieferern sowie Firmen aus der gleichen und anderen Industrien.

© Springer Fachmedien Wiesbaden 2016
N. Kammerlander, R. Prügl, *Innovation in Familienunternehmen*, essentials,
DOI 10.1007/978-3-658-12315-4_7

Aber auch die Gedanken von „(Noch-)Nicht-Kunden" können von hoher Relevanz sein. Insbesondere die Gruppe der sogenannten fortschrittlichen Anwender („lead user") spielt hierbei eine herausragende Rolle, vor allem bei der Entwicklung von bahnbrechenden, langfristig wertgenerierenden Innovationen (Von Hippel 2005). Die Identifikation dieser fortschrittlichen Anwender ist eine besondere Herausforderung (Schreier und Prügl 2008). Insbesondere netzwerkbasierte Suchmethoden sind in der Lage, diese Herausforderung zu meistern (Poetz und Prügl 2010; Von Hippel et al. 2009). Da Familienunternehmen oftmals auf besonders tragfähige Netzwerke zurückgreifen können, ist dieser Unternehmenstypus hier möglicherweise im Vorteil. Diese externen Innovationsquellen sind allerdings nicht nur hilfreich, um neue Ideen zu generieren, sondern auch, um beispielsweise bestehende Ideen zu testen, weiterzuentwickeln und zu vermarkten (Schreier et al. 2007; Schreier und Prügl 2008). In der Forschung zu Innovationen hat sich in den letzten Jahren das Credo entwickelt, dass im komplexen 21. Jahrhundert Innovationen selten isoliert und im Alleingang vorangetrieben werden können, sondern eines Netzwerks bedürfen. Das gilt umso mehr für den Mittelstand und kleinere Familienunternehmen, welche nicht die finanziellen Ressourcen haben, um inhouse solch kapitalintensive Forschung und Entwicklung zu betreiben. Aufgrund ihrer Reputation sind Familienunternehmen prinzipiell in einer sehr guten Ausgangslage, um wertvolle Außenkontakte zu besitzen und diese auch zu nutzen. Trotzdem schrecken viele Familienunternehmer vor diesem Schritt zurück. Zu groß scheint der Aufwand, um nicht nur intern, sondern auch extern die Augen aufzuhalten, zu hoch scheint die Gefahr, dass Wissen des Unternehmens nach draußen dringt. Dazu kommt häufig die Einstellung: „Was sollen uns die anderen denn schon sagen? Wir sind doch eh die besten auf unserem Gebiet." Wie immer sollte man sich auch hier vor Augen halten, dass die goldene Mitte anzustreben ist: Während zu viel Fokus auf externe Quellen die eigene Innovationskraft schwächt und das Unternehmen abhängig macht, bleibt bei einem reinen Fokus auf interne Quellen hohes Potenzial ungenutzt liegen.

Weiter ist zu beachten, dass unterschiedliche externe Partner ganz verschiedenen Input geben können (Classen et al. 2012): Kunden geben Impulse für neue Produkte, Zulieferer können die Qualität des Produkts und der Prozesse erhöhen, mit Wettbewerbern können Entwicklungskosten geteilt werden, öffentliche Institutionen können die Finanzierung unterstützen, und Hochschulkooperationen können zur Entwicklung radikaler Ideen beitragen.

Was nun müssen Unternehmen beachten, wenn sie den Innovationsprozess öffnen möchten? Zunächst darf es im Unternehmen kein „not invented here"-Syndrom geben, d. h. Ideen dürfen nicht deshalb diskreditiert werden, weil sie von außerhalb kommen. Weiter sollten hilfreiche Systeme angeschafft und implementiert werden, die den „Absorptionsprozess" effizienter machen: Hierzu gehören beispielsweise Patentmanagementsysteme sowie Plattformen, um Ideen auszutauschen und zu bewerten und Informationen zu verbreiten. Zudem sollten Familienunternehmen nicht nur kostenlose externe Informationen aufnehmen, sondern auch über den *kostenpflichtigen Erwerb* nachdenken: Hierzu gehört neben Lizenzierungsverträgen beispielsweise auch die Übernahme von Start-ups.

7.3   Welche Rahmenbedingungen braucht Innovation auf der Familienebene bzw. welche Rolle spielt die Familie bei Innovationsentscheidungen?

Die wissenschaftliche Forschung hat sich bisher bei der Untersuchung von Innovation in Familienunternehmen weitestgehend darauf beschränkt, Familieneinfluss zu messen, indem die Anzahl von Familienmitgliedern im Management oder der Besitzanteil der Familie berechnet wurde. Eine aktuelle Studie (Halder und Prügl 2015) zeigt, dass die Messung von Familieneinfluss weiter gefasst werden muss. Es ist notwendig, nicht nur einfach zu operationalisierende Größen abzufragen, sondern sich intensiv mit dem tatsächlich ausgeübten Einfluss auseinanderzusetzen. Des Weiteren zeigt die Studie, dass die Bedeutung von *Familienmitgliedern außerhalb des Unternehmens* bisher zu Unrecht völlig vernachlässigt wurde. In einem Familienunternehmen hört das Geschäftliche nicht an der Bürotür auf. Innovationsthemen werden auch im Familienkreis diskutiert, und dies wirkt sich wiederum auch auf strategische Entscheidungen aus. Tabelle 7.1 veranschaulicht den großen Einfluss der Familienmitglieder auf Innovationsentscheidungen.

Tab. 7.1 Einbezug von Familienmitgliedern. (Entnommen aus Halder und Prügl 2015)

Anzahl der Nennungen (absolut und in %)						
	Involviert (egal in welchem Ausmaß)		In einem großen Ausmaß involviert		Gar nicht involviert		N
Ehepartner	104	76%	29	21%	32	24%	136
Eltern	43	52%	15	18%	39	48%	82
Kinder	101	78%	26	20%	28	22%	129

7.4 Wie wichtig ist der nachrückenden Generation das Thema Innovation?

Eine umfassende Studie der nächsten Unternehmergeneration in Deutschland (Prügl und Hauck 2012) zeigt: Wenn die nächste Generation das Ruder übernimmt, so setzt sie vor allem auf Wachstum (68,9 %) und Innovation (68,9 %). Kostensenkung ist für rund ein Drittel der Befragten ein wichtiges Thema – wohingegen der Verkauf des Familienunternehmens nahezu ausgeschlossen wird (nur für 3,8 % eine Option). Gefragt danach, was die nächste Generation der Unternehmer bei einer Nachfolge im Unternehmen ändern bzw. anders machen würde, geben 35 % Änderungen im Bereich „Personal/Führung" an. Das ist mit großem Abstand der wichtigste Punkt und deutet darauf hin, dass die Nachfolgergeneration tatsächlich auch einen neuen Führungsstil einführen wird und organisationale Innovationen daher für Familienunternehmen von hoher Bedeutung sind. Tatsächlich geht es dabei um einen stärker partizipativen Führungsstil und damit auch um eine stärkere Einbindung der Mitarbeiter in Innovationsaktivitäten. Weitere häufig genannte Prioritätsthemen für die Nachfolger sind Organisationsstruktur (11,8 %), Strategie (10,1 %), Marketing (10,1 %) sowie Prozesse und Arbeitsabläufe (6,6 %).

Zusammenfassung 8

Innovation ist ein wichtiges Thema – auch und insbesondere für Familienunternehmen. Dabei ist nicht nur die organisationale Seite zu betrachten, sondern auch der Einfluss der Familie sowie das Zusammenspiel der Generationen. Unser Ziel war es, mit diesem Springer Essential einen Überblick über die theoretischen und empirischen Erkenntnisse über Familienunternehmen und Innovationen zu geben sowie einige Denkanstöße und „good practice" Lösungsansätze aufzuführen.

© Springer Fachmedien Wiesbaden 2016   39
N. Kammerlander, R. Prügl, *Innovation in Familienunternehmen,* essentials,
DOI 10.1007/978-3-658-12315-4_8

Was Sie aus diesem Essential mitnehmen können

- Die Innovationsfähigkeit des Familienunternehmens muss nicht unbedingt über die Zeit sinken – sie kann durchaus auch steigen.
- Die Phase des Generationswechsels kann als Chance zur Innovation gesehen werden.
- Externe Informationsquellen sind wichtig, um die Innovationskraft zu steigern.
- Genialität ist ein erfolgreicher Weg zur Innovation – der „richtige" Führungsstil ein anderer.

© Springer Fachmedien Wiesbaden 2016
N. Kammerlander, R. Prügl, *Innovation in Familienunternehmen,* essentials,
DOI 10.1007/978-3-658-12315-4

Literatur

Ahuja, G., Lampert, C. M., & Tandon, V. (2008). Moving beyond Schumpeter: Management research on the determinants of technological innovation. *Academy of Management Annals, 2*(1), 1–98.

Amit, R., & Zott, C. (2012). Creating value through business model innovation. *MIT Sloan Management Review, 53*(3), 41–49.

Bammens, Y., van Gils, A., & Voordeckers, W. (2010). The role of family involvement in fostering an innovation-supportive stewardship culture. AOM best paper proceedings.

Beck, S., & Prügl, R. (2015). Being perceived as a family firm and new product acceptance: An empirical analysis of the role of trustworthiness, personification, and consumers' attitude towards innovation. European Academy of Management (EURAM) Annual Meeting (Best Paper Award/Strategic Interest Group Family Business Research), Warszawa.

Bergfeld, M.-M. H., & Weber, F.-M. (2011). Dynasties of innovation: Highly performing German family firms and the owners' role for innovation. *International Journal of Entrepreneurship and Innovation Management, 13*(1), 80–94.

Berrone, P., Cruz, C., & Gómez-Mejía, L. R. (2012). Socioemotional wealth in family firms: Theoretical dimensions, assessment approaches, and agenda for future research. *Family Business Review, 25*(3), 258–279.

Binder, A. (2013). *Innovation in erfolgreichen Familienunternehmen.* München: Springer Gabler.

Binder, A., & Prügl, R. (2015). Information search in the front end of innovation: Exploring the role of family influence. International Family Enterprise Association (IFERA) Annual Meeting, Hamburg.

Björnberg, Å., & Nicholson, N. (2007). The family climate scales – development of a new measure for use in family business research. *Family Business Review, 20*(3), 229–246.

Carney, M. (2005). Corporate governance and competitive advantage in family-controlled firms. *Entrepreneurship Theory and Practice, 29*(3), 249–265.

Cassia, L., De Massis, A., & Pizzurno, E. (2012). Strategic innovation and new product development in family firms: An empirically grounded theoretical framework. *International Journal of Entrepreneurial Behavior & Research, 18*(2), 198–232.

Chesbrough, H. W. (2003). *Open innovation: The new imperative for creating and profiting from technology.* Boston: Harvard Business Press.

© Springer Fachmedien Wiesbaden 2016

N. Kammerlander, R. Prügl, *Innovation in Familienunternehmen,* essentials,

DOI 10.1007/978-3-658-12315-4

Chrisman, J. J., & Patel, P. (2012). Variations in R & D investments of family and non-family firms: Behavioral agency and myopic loss aversion perspectives. *Academy of Management Journal, 55*(4), 976–997.

Chrisman, J. J., Chua, J. H., De Massis, A., Frattini, F., & Wright, M. (2014). The ability and willingness paradox in family firm innovation. *Journal of Product Innovation Management, 32*(3), 310–318.

Christensen, C. M. (1997). *The innovator's dilemma*. Boston: Harvard Business School Press.

Classen, N., Van Gils, A., Bammens, Y., & Carree, M. (2012). Accessing resources from innovation partners: The search breadth of family SMEs. *Journal of Small Business Management, 50*(2), 191–215.

Classen, N., Carree, M., Van Gils, A., & Peters, B. (2014). Innovation in family and non-family SMEs: An exploratory analysis. *Small Business Economics, 42*(3), 595–609.

Cruz, C., & Nordqvist, M. (2012). Entrepreneurial orientation in family firms: A generational perspective. *Small Business Economics, 38*(1), 33–49.

De Massis, A., Frattini, F., & Lichtenthaler, U. (2013). Research on technological innovation in family firms: Present debates and future directions. *Family Business Review, 26*(1), 10–31.

De Massis, A., Frattini, F., Pizzurno, E., & Cassia, L. (2015). Product innovation in family versus nonfamily firms: An exploratory analysis. *Journal of Small Business Management, 53*(1), 1–36.

Duran, P., Kammerlander, N., van Essen, M., & Zellweger, T. (2015). Doing more with less: Innovation input and output in family firms. *Academy of Management Journal.* doi:10.5465/amj.2014.0424. (in press)

Garud, R., Tuertscher, P., & Van de Ven, A. H. (2013). Perspectives on innovation processes. *Academy of Management Annals, 7*(1), 775–819.

Gómez-Mejía, L. R., Larraza-Kintana, M., & Makri, M. (2003). The determinants of executive compensation in family-controlled public corporations. *Academy of Management Journal, 46*(2), 226–237.

Gudmundson, D., Tower, C. B., & Hartman, E. A. (2003). Innovation in small businesses: Culture and ownership structure do matter. *Journal of Developmental Entrepreneurship, 8*(1), 1–17.

Halder, A., & Prügl, R. (2015). Entrepreneurial Orientation und Innovationsfähigkeit in Familienunternehmen: Eine empirische Analyse des Familieneinflusses und der Rolle des Familienunternehmers, FIF Working Paper, Zeppelin University.

Handler, W. C. (1994). Succession in family business: A review of the research. *Family Business Review, 7*(2), 133–157.

Hauck, J., & Prügl, R. (2015a). Innovation activities during intra-family leadership succession in family firms: An empirical study from a socioemotional wealth perspective. *Journal of Family Business Strategy, 6*(2), 104–118.

Hauck, J., & Prügl, R. (2015b). Familien-Unternehmergeist über Generationen: Welche Rolle spielt Innovation während der Phase der Führungsübergabe/-nachfolge in Familienunternehmen? *Zeitschrift für Familienunternehmen und Stiftungen (FuS), 2015*(1), 9–15.

Hauschildt, J., & Salomo, S. (2011). *Innovationsmanagement*. München: Vahlen.

Henderson, R. M., & Clark, K. B. (1990). Architectural innovation: The reconfiguration of existing product technologies and the failure of established firms. *Administrative Science Quarterly, 35*(1), 9–30.

Kammerlander, N. (2014). Sensemaking and organizational change in family firms. University of St. Gallen, Switzerland. Working Paper. https://nadinekammerlander.files.wordpress.com/2014/09/familyfirmchange.pdf.

Kammerlander, N., & Ganter, M. (2015). An attention-based view of family firm adaptation to discontinuous technological change: Exploring the role of family CEOs' non-economic goals. *Journal of Product Innovation Management, 32*(3), 361–383.

Kammerlander, N., Dessi, C., Bird, M., Floris, M., & Murru, A. (2015a). The impact of shared stories on family firm innovation: A multicase study. *Family Business Review, 28*(4), 332–354.

Kammerlander, N., Sieger, P., Voordeckers, W., & Zellweger, T. (2015b). Value creation in family firms: A model of fit. *Journal of Family Business Strategy, 6*(2), 63–72.

Keinz, P., & Prügl, R. (2010). A user community-based approach to leveraging technological competences: An exploratory case study of a technology start-up from MIT. *Creativity and Innovation Management, 19*(3), 269–289.

König, A., Kammerlander, N., & Enders, A. (2013). The family innovator's dilemma: How family influence affects the adoption of discontinuous technologies by incumbent firms. *Academy of Management Review, 38*(3), 418–441.

Kotlar, J., & De Massis, A. (2013). Goal setting in family firms: Goal diversity, social interactions, and collective commitment to family-centered goals. *Entrepreneurship Theory and Practice, 37*(6), 1263–1288.

Kraiczy, N. (2013). *Innovations in small- and medium-sized family firms*. München: Springer Gabler.

Lukas, B. A., & Ferrell, O. C. (2000). The effect of market orientation on product innovation. *Journal of the Academy of Marketing Science, 28*(2), 239–247.

Miller, D., Steier, L., & Le Breton-Miller, I. (2003). Lost in time: Intergenerational succession, change, and failure in family business. *Journal of Business Venturing, 18*(4), 513–531.

Miller, D., Le Breton-Miller, I., & Scholnick, B. (2008). Stewardship vs. stagnation: An empirical comparison of small family and non-family businesses. *Journal of Management Studies, 45*(1), 51–78.

O'Boyle, E. H. Jr., Pollack, J. M., & Rutherford, M. W. (2012). Exploring the relation between family involvement and firms' financial performance: A meta-analysis of main and moderator effects. *Journal of Business Venturing, 27*(1), 1–18.

Olson, D. H. (1988). The circumplex model of family systems VIII: Family assessment and intervention. In D. H. Olson, C. S. Russell, & D. H. Sprenkle (Hrsg.), *The circumplex model: Systemic assessment and treatment of families*. New York: Haworth.

Patel, P. C., & Chrisman, J. J. (2014). Risk abatement as a strategy for R & D investments in family firms. *Strategic Management Journal, 35*(4), 617–627.

Pfeffer, J., & Salancik, G. R. (1978). *The external control of organizations*. New York: Harper & Row.

Piezunka, H., & Dahlander, L. (2015). Distant search, narrow attention: How crowding alters organizations' filtering of suggestions in crowdsourcing. *Academy of Management Journal, 58*(3), 856–880.

Poetz, M. K., & Prügl, R. (2010). Crossing domain-specific boundaries in search of innovation: Exploring the potential of pyramiding. *Journal of Product Innovation Management, 27*(6), 897–914.

Prügl, R., & Hauck, J. (2012). Deutschlands nächste Unternehmergeneration II – Eine empirische Untersuchung der Werthaltungen, Einstellungen und Pläne. München: Stiftung Familienunternehmen.

Prügl, R., & Hauck, J. (2013). Wie denkt die nächste Generation in deutschen Familienunternehmen? Eine empirische Exploration von Werthaltungen, Einstellungen und Einflussfaktoren auf die Nachfolgeabsicht des Unternehmernachwuchses. *Zeitschrift für Familienunternehmen und Stiftungen (FuS), 2013*(2), 43–48.

Quigley, T. J., & Hambrick, D. C. (2012). When the former CEO stays on as board chair: Effects on successor discretion, strategic change, and performance. *Strategic Management Journal, 33*(7), 834–859.

Rogers, M. (2004). Networks, firm size and innovation. *Small Business Economics, 22*(2), 141–153.

Schreier, M., & Prügl, R. (2008). Extending lead-user theory: Antecedents and consequences of consumers' lead userness. *Journal of Product Innovation Management, 25*(4), 331–346.

Schreier, M., Oberhauser, S., & Prügl, R. (2007). Lead users and the adoption and diffusion of new products: Insights from two extreme sports communities. *Marketing Letters, 18*(1/2), 15–30.

Spriggs, M., Yu, A., Deeds, D., & Sorenson, R. L. (2013). Too many cooks in the kitchen: Innovative capacity, collaborative network orientation, and performance in small family businesses. *Family Business Review, 28*(1), 32–50.

Stampfl, G. (2013). „Wandel als einzige Konstante" – Zehn Charakteristika von Geschäftsmodellinnovationen in einem Familienunternehmen. In R. Prügl & M. Mietzner (Hrsg.), *zupFIF* (S. 7–16). Friedrichshafen: Zeppelin University.

Stampfl, G., Prügl, R., & Koners, U. (2013). Innovation am Geschäftsmodell als Chance für Familienunternehmen? *Zeitschrift für Familienunternehmen und Stiftungen (FuS), 2013*(5), 167–173.

Von Hippel, E. (2005). *Democratizing innovation.* Cambridge: MIT press.

Von Hippel, E., Franke, N., & Prügl, R. (2009). Pyramiding: Efficient search for rare subjects. *Research Policy, 38*(9), 1397–1406.

Von Schlippe, A., & Frank, H. (2013). The theory of social systems as a framework for understanding family businesses. *Family Relations, 62*(3), 384–398.

Walsh, F. (1998). *Strengthening family resilience.* New York: Guilford Press.

Zahra, S. A., Hayton, J. C., & Salvato, C. (2004). Entrepreneurship in family vs. non-family firms: A resource-based analysis of the effect of organizational culture. *Entrepreneurship Theory and Practice, 28*(4), 363–381.